Luz no Caminho

7ª Edição

Luz no Caminho

Mabel Collins

Editora Teosófica
Brasília-DF

Título do original em inglês:
Light on The Path

The Theosophical Publishing House
Adyar, Chennai (Madras), 600 020, Índia

1ª edição em inglês, 1885

EDITORA TEOSÓFICA
SIG, Quadra 6, Lote 1235
70610-460 Brasília-DF, Brasil
Tel.: (61) 3322-7843
E-mail:
editorateosofica@editorateosofica.com.br
Site: www.editorateosofica.com.br

C699

Collins, Mabel. 1851-1927

Luz no caminho
Tradução, Eduardo Weaver
7ª. ed. Brasília:
Editora Teosófica, 2020.

Tradução: Light on the path
ISBN: 85-85961-25-2

1. Teosofia 2. Caminho Espiritual
2. II. Título

CDD 212

Capa:
Marcelo Ramos
Diagramação:
Reginaldo Alves Araújo
Revisão Editorial:
Carlos Cardoso Aveline
Zeneida Cereja da Silva
Tradução da Introdução:
Zeneida Cereja da Silva

Sumário

Introdução

por Annie Besant

Luz no Caminho faz parte de uma série de tratados ocultos que estão aos cuidados dos grandes Instrutores e são usados na instrução dos discípulos. A obra integra o *Livro dos Preceitos de Ouro*, que contém muitos tratados escritos em diferentes períodos da história do mundo, mas possuem uma característica comum, a de que eles contêm verdade oculta, e têm, consequentemente, que ser estudados de um modo diferente dos livros comuns. A compreensão destes tratados depende da capacidade do leitor, e quando qualquer um deles é publicado no mundo, somente visões distorcidas do ensinamento serão obtidas, se ele for tomado literalmente.

Com a intenção definida de acelerar a evolução daqueles que estão no Caminho, este livro apresenta ideais que as pessoas do mundo raramente estão preparadas para aceitar. Somente à medida que um homem for capaz e estiver disposto a viver o ensinamento é que ele será capaz de entendê-lo. Se ele não praticá-lo, este permanecerá um livro fechado. Qualquer esforço para viver este ensinamento trará luz sobre o mesmo; mas se o leitor não fizer nenhum esforço, não apenas obterá muito pouco, mas também ficará contra o livro e dirá que ele é inútil.

Este tratado segue naturalmente certas divisões. Foi dado ao mundo ocidental pelo Mestre Hilarion, um dos grandes instrutores pertencentes à Loja Branca[1] – um Mestre que atuou com destaque nos movimentos gnóstico e neoplatônico, um dos grandes seres que

[1] Este termo não se refere à cor, mas à Fraternidade de Homens Perfeitos.

fez tentativas para manter o Cristianismo vivo. Suas encarnações passaram-se muito mais na Grécia e em Roma e ele tem um interesse especial em guiar a evolução do mundo ocidental. Ele obteve o livro tal como está – mas sem as notas – através do Mestre Veneziano, um dos grandes Instrutores a quem Helena Blavatsky qualificava como Chohan.

Quinze das curtas regras que você encontrará na primeira parte do livro, e quinze da segunda parte, são extremamente antigas, e foram escritas no mais primitivo sânscrito. A essas frases curtas que são usadas como base para instrução do discípulo, o Chohan acrescentou outras frases, as quais agora formam parte do livro, e devem sempre ser lidas juntas, para produzir ideias complementares sem as quais o leitor poderia ser levado ao equívoco. Todas as regras, nas duas partes do livro, com exceção dos trinta aforismos curtos, foram escritas pelo Chohan que as deu ao Mestre Hilarion. A tabela seguinte mostra as quinze pequenas regras, na Parte I, tal como estavam no manuscrito extremamente antigo; o número no começo de cada uma é o tradicional, mas o número no final é aquele que aparece no livro moderno.

Nota-se a partir da tabela ao lado (p. 15-16) (que contém apenas a Parte I do livro) que as regras 4,8, 12, 16 , 20 e 21 não estão na lista. É porque elas não pertencem à parte mais antiga do livro. Aquelas regras e os comentários preliminares e conclusivos são a parte acrescentada pelo Chohan que a deu ao Mestre. Além disso, há notas que foram escritas pelo próprio Mestre Hilarion. Tal como foi originalmente publicado em 1885, o livro continha estas três partes: os aforismos do manuscrito antigo, os acréscimos do Chohan e as notas do Mestre Hilarion[2]. Todas essas foram colocadas no papel por Mabel Collins, que atuou como instrumento físico que escreveu os ensinamentos. O próprio Mestre foi o tradutor do livro, e ele im-

[2] Nesta edição os aforismos do manuscrito antigo estão em negrito, e todos os acréscimos e comentários sem negrito. (N. ed. bras.)

primiu o texto no cérebro de Mabel Collins. Foi ele que escreveu. Posteriormente foram publicados em *Lucifer,* com o título "Comentários", uns poucos artigos escritos por Mabel Collins sob a influência do Mestre, que são extremamente valiosos e merecem ser lidos e estudados.

Agora, pegue o próprio livro. Primeiramente encontramos o seguinte aforismo:

"Estas regras foram feitas para todos os discípulos: Segue-as."

Uma distinção é feita aqui entre o mundo e os discípulos; este não é um livro dirigido ao mundo em geral. A palavra discípulo deve ser considerada em dois sentidos – o não iniciado e o iniciado. Ao ler o livro cuidadosamente, podemos identificar as duas linhas nítidas de ensinamento sob a vestimenta das mesmas palavras; cada frase contém um sentido duplo, um direcionado para os mais avançados e outro para os menos avançados. A segunda parte do tratado parece ser direcionada inteiramente ao discípulo iniciado, mas esta dualidade ocorre já ao longo da primeira parte.

Muitas pessoas que ainda não se aproximaram do discipulado têm uma compreensão totalmente equivocada dessas regras, e frequentemente as criticam como propondo um ideal que é difícil e pouco atrativo. Este é constantemente o caso quando o ideal apresentado é demasiado elevado para o leitor. Nenhuma pessoa é auxiliada por um ideal, por mais nobre que este seja, a menos que ele também seja atraente; uma norma prática para lidar com os seres humanos diz que devemos oferecer a eles somente ideais que sejam capazes de atraí-los. Com todos os livros deste tipo, o que cada homem aproveita é o que ele mesmo projeta sobre eles; o entendimento dele depende de seu próprio poder de responder aos pensamentos que os livros contêm. Mesmo as coisas materiais só existem para nós se temos desenvolvidos os órgãos que possam responder a elas; portanto no momento atual há centenas de vibrações nos circundando às quais somos incapazes de prestar atenção. O sr. William Crookes certa vez ilustrou isso muito bem quando estava tentando mostrar como era limitado o nosso conhecimento de eletricidade, e consequentemente como era grande a possibilidade de progresso na ciência elétrica. Ele disse que poderia fazer uma enorme diferença para nós, poderia de fato revolucionar nossas ideias, se tivéssemos órgãos respondendo a vibrações elétricas ao invés de olhos sensíveis a vibrações de luz. No ar seco, nós necessariamente não seríamos conscientes de nada, pois ele não conduz eletricidade. Uma casa feita de vidro poderia ser opaca, mas uma casa comum seria transparente. Um fio de prata poderia parecer como um buraco ou túnel no ar. O que nós conhecemos do mundo é função de nossa resposta às suas vibrações. Do mesmo modo, se não podemos responder a uma verdade, ela não é verdadeira para nós. Portanto, quando estamos tratando com livros escritos por ocultistas, nós só podemos captar os seus pensamentos na proporção do nosso próprio avanço espiritual. Qualquer parte do ensinamento deles que seja demasiado sutil ou elevado passa por nós como se não estivesse lá.

Muito mais pode ser captado deste livro através da meditação do que pela mera leitura; o seu maior valor é que ele dá orientações à nossa meditação. Escolha uma única frase e medite nela; pare com o trabalho da mente inferior e desperte a consciência interna que entra em contato direto com a ideia. Você poderá então deixar de lado as imagens da mente concreta e ter uma percepção direta da realidade. Meditando dessa forma você entrará em contato com o conhecimento direto da verdade que o Eu Superior adquiriu em dimensões mais elevadas. Entretanto, um homem que medita mas não lê nem ouve a um instrutor, ainda que progrida no plano espiritual, só o fará lentamente. Se ele tivesse tido a vantagem adicional de ler e escutar, avançaria muito mais rapidamente. A palestra ou o estudo podem sintonizar o cérebro do estudante de maneira que ele obtenha mais conhecimento através da meditação.

Mas para um homem que apenas ouve ou lê e não medita, dificilmente será possível algum avanço, e o progresso é extremamente vagaroso. As duas práticas devem ser combinadas: um pouco de escuta ou leitura e muita meditação.

PARTE 1

Estas regras foram escritas para todos os discípulos:

Segue-as.

Antes que os olhos possam ver, devem ser incapazes de lágrimas. Antes que o ouvido possa ouvir, deve ter perdido a sua sensibilidade. Antes que a voz possa falar na presença dos Mestres, deve ter perdido o poder de ferir. Antes que a alma possa estar na presença dos Mestres, seus pés devem ser lavados com o sangue do coração.

1 - Mata a ambição.

NOTA – A ambição é a primeira das maldições: a grande tentadora do homem que está se elevando acima de seus semelhantes. É a forma mais simples de buscar recompensa. Homens de inteligência e poder são continuamente desviados por ela de suas possibilidades mais elevadas. No entanto, ela é uma instrutora necessária. Seus resultados tornam-se pó e cinza na boca. Como a morte e a alienação, ela mostra ao homem, por fim, que trabalhar para si mesmo é trabalhar para a desilusão. Porém, embora esta regra pareça tão simples e fácil, não passes rapidamente por ela. Pois os vícios do homem vulgar passam por uma transformação sutil e reaparecem com aspecto modificado no coração do discípulo. É fácil dizer: "Não serei ambicioso"; mas não é tão fácil dizer: "Quando o Mestre ler meu coração, ele o encontrará perfeitamente limpo". O artista puro, que trabalha por amor à sua obra, está às vezes mais firmemente plantado no caminho correto do que o ocultista que imagina ter eliminado os interesses pessoais, mas que na realidade só ampliou os limites de experiência e de desejo e transferiu seu interesse para coisas relativas a uma dimensão maior da vida. O mesmo princípio é aplicável às duas outras regras, que aparentemente são simples. Pondera sobre elas e não te deixes enganar facilmente pelo teu próprio coração. Pois agora, no umbral, um erro pode ser corrigido. Porém, se carregares o erro contigo, ele crescerá e frutificará, e então, para destruí-lo, terás de sofrer amargamente.

2 – Mata o desejo de viver.

3 – Mata o desejo de conforto.

4 – Trabalha como aqueles que são ambiciosos. Respeita a vida como aqueles que a desejam.

Sê feliz como os que vivem em função da felicidade.

Procura no coração a raiz do mal e arranca-a. Ela vive e dá frutos no coração do discípulo devotado assim como no do homem voltado para o desejo. Só o forte pode matá-la. O fraco tem de esperar que ela cresça, frutifique e morra. E ela é uma planta que vive e cresce através dos tempos. Floresce quando o homem acumulou em si inúmeras existências. Aquele que pretende entrar no caminho do poder deve arrancar essa coisa do seu coração. E então o coração sangrará, e toda a vida do homem parecerá dissolver-se por completo. Esta provação tem que ser suportada: ela pode vir no primeiro degrau da perigosa escada que leva à senda da vida; ou pode aparecer somente no último. Ó discípulo, lembra no entanto que ela tem que ser suportada, e concentra as energias da tua alma nessa tarefa. Não vivas no presente nem no futuro, e sim no Eterno. Esta gigantesca erva daninha não é capaz de florescer ali; esta mancha na existência é removida pela própria atmosfera do pensamento eterno.

5 – Mata todo sentido de separação.

NOTA – Não te iludas imaginando que podes apartar-te do mau ou do insensato. Eles são tu mesmo, embora em grau menor do que o teu amigo ou teu Mestre. Porém, se permitires que cresça no teu interior a ideia da separação de qualquer coisa ou pessoa má, ao fazê-lo estarás criando um *karma* que te ligará a essa pessoa ou coisa até que a tua alma reconheça que não pode permanecer isolada. Lembra-te de que o pecado e a vergonha do mundo são o teu pecado e a tua vergonha, pois tu és parte do mundo. Teu *karma* está inextricavelmente entrelaçado com o grande *Karma*. E, antes que possas atingir o conhecimento, deves ter passado por todos os lugares, tanto os repugnantes como os puros. Portanto, lembra-te de que a veste maculada que hoje evitas tocar pode ter sido tua ontem, ou pode ser tua amanhã. E se dela te desviares com horror, quando lançada sobre os teus ombros, tanto mais firmemente grudará em ti. O homem que se tem por justo cria para si um leito de lama. Abstém-te porque é correto o abster-se – não para te conservares limpo.

6 – Mata o desejo de sensação.

7 – Mata a fome de crescimento.

8 – No entanto, conserva-te só e isolado; porque nada do que é corporificado, nada do que é consciente da separação, nada que esteja fora do Eterno pode ajudar-te. Aprende com a sensação e observa-a, pois só assim poderás começar a desenvolver a ciência do autoconhecimento e colocar o teu pé no primeiro degrau da escada. Cresce como a flor, inconscientemente, porém intensamente ansiosa para abrir sua alma ao ar. Assim deves avançar para abrires tua alma ao Eterno. Mas, é o Eterno que deve estimular a tua força e tua beleza, e não o desejo de crescimento. Pois no primeiro caso tu te desenvolverás na exuberância da pureza; no segundo te tornarás insensível pelo poderoso desejo de projeção pessoal.

9 – Deseja somente o que está dentro de ti.

10 – Deseja somente o que está além de ti.

11 – Deseja somente o que é inatingível.

12 – Pois dentro de ti está a luz do mundo – a única luz que pode ser projetada sobre o Caminho. Se fores incapaz de percebê-la dentro de ti, é inútil procurá-la em outra parte.

Está além de ti, porque quando a alcançares já te perdeste. É inatingível porque sempre recua. Entrarás na luz, mas nunca tocarás a Chama.

13 – Deseja ardentemente o poder.

14 – Deseja fervorosamente a paz.

15 – Deseja posses acima de tudo.

16 – Porém estas posses devem pertencer somente à alma pura, e devem ser possuídas portanto igualmente por todas as almas puras, sendo assim propriedade especial do todo apenas enquanto unido. Deseja aquelas posses que podem ser mantidas pela alma pura, para que acumules riquezas para aquele espírito uno da vida que é o teu único e verdadeiro Eu. A paz que deves desejar é aquela paz sagrada que nada pode perturbar, e na qual a alma desabrocha da mesma forma que a flor santa sobre as lagoas tranquilas. E o poder que o discípulo deve cobiçar é aquele que fará com que ele apareça como nada aos olhos dos homens.

17 – Busca o caminho.

NOTA – Estas três palavras parecem, talvez, demasiado simples para constituírem uma regra. O discípulo pode dizer: "Estudaria eu estes pensamentos se não buscasse o caminho?" No entanto não te apresses em seguir adiante. Detém-te e reflete um pouco. É o Caminho que desejas ou será que existe, em tuas visões, uma tênue perspectiva de grandes alturas a serem escaladas por ti, de um grandioso futuro a ser atingido? Toma cuidado. A Senda deve ser buscada por si mesma, e não em função dos teus pés que a trilharão.

Existe uma correspondência entre esta regra e a décima-sétima da segunda série. Quando, após eras de luta e muitas vitórias, a batalha final for ganha e o último segredo buscado, então estarás preparado para um caminho ulterior. Quando o segredo final desta grande lição for revelado, nele se abrirá o mistério do novo Caminho – uma senda que conduz para além de toda experiência humana, e que está totalmente fora da percepção ou imaginação humanas. Em cada um destes pontos é preciso deter-se longamente e refletir bem. Em cada um destes pontos é necessário estar seguro de que o caminho foi escolhido desinteressadamente. O Caminho e a verdade vêm em primeiro lugar, em seguida vem a vida.

"18 – Busca o caminho recolhendo-te para o interior.

19 – Busca o caminho avançando audaciosamente para o exterior."

20 – Não o busques por qualquer via especial. Para cada temperamento existe uma estrada que parece a mais desejável. O caminho, porém, não é encontrado só pela devoção, só pela contemplação religiosa, pelo progresso ardoroso, pelo trabalho com autossacrifício, pela atenta observação da vida. Nenhuma destas coisas isoladamente é capaz de levar o discípulo mais do que um passo adiante. Todos os degraus são necessários para formar a escada. Os vícios dos homens tornam-se degraus na escada, um a um, à medida que vão sendo superados. As virtudes do homem são, na verdade, degraus necessários que não podem de forma alguma ser dispensados. No entanto, embora criem uma bela atmosfera e um futuro feliz, são inúteis se estiverem isoladas. A natureza total do homem deve ser utilizada sabiamente por aquele que deseja entrar no caminho. Cada homem é para si próprio absolutamente o caminho, a verdade e a vida. Mas isso só se torna real quando ele domina firmemente sua individualidade e, pela força de sua vontade espiritual desperta, reconhece esta individualidade não como ele próprio, mas como algo que com sofrimento criou para seu próprio uso e por meio do qual se propõe, à medida que seu crescimento lentamente desenvolve sua inteligência, a alcançar a vida além da individualidade. Quando ele descobre que para isso existe a sua maravilhosa e complexa vida separada, então, na verdade, e somente então, ele estará no caminho.

Busca-o mergulhando nas misteriosas e gloriosas profundezas de teu próprio ser interior. Busca-o testando toda experiência, utilizando os sentidos a fim de compreender o crescimento e o significado da individualidade; assim como a beleza e obscuridade daqueles outros fragmentos divinos que estão lutando lado a lado contigo e formam a raça a que pertences. Busca-o pelo estudo das leis do ser, as leis da Natureza, as leis do sobrenatural; e busca-o com uma profunda obediência da alma à tênue estrela que arde no interior. Continuamente, à medida que vigiares e adorares, sua luz se tornará mais intensa. Então poderás saber que encontraste o começo do caminho. E quando houveres chegado ao fim, sua luz se transformará, subitamente, na luz infinita.

NOTA – Busca-o testando toda experiência; e lembra-te de que ao afirmar isso não quero dizer: "Cede às seduções dos sentidos a fim de conhecê-las". Antes de te haveres tornado um ocultista podes fazê-lo; porém não depois. Uma vez que tenhas escolhido a Senda e nela entrado, não poderás, sem te envergonhares, ceder a essas seduções. No entanto podes experimentá-las sem horror: podes avaliá-las, observá-las, testá-las e esperar com a paciência derivada da confiança pelo momento em que elas não te afetarão mais. Mas não condenes o homem que cede; estende-lhe a mão como a um irmão peregrino cujos pés se tornaram pesados com a lama. Lembra-te, ó discípulo, de que por grande que seja o abismo entre o homem bom e o pecador, maior ainda é o abismo entre o homem bom e o homem que alcançou o conhecimento; e é imensurável entre o homem bom e o homem que está no limiar da divindade. Portanto, acautela-te para que não te imagines cedo demais como alguém superior às massas. Quando houveres encontrado o começo do caminho, a estrela da tua alma mostrará a sua luz; e através desta luz perceberás como são grandes as trevas nas quais ela brilha. Mente, coração e cérebro, todos estarão obscuros e em trevas até que a primeira grande batalha tenha sido ganha. Não fiques apavorado nem aterrorizado com esta visão; conserva teus olhos fixos na pequena luz e ela crescerá. Mas que a escuridão interior te auxilie a compreender o desamparo daqueles que não viram luz alguma, cujas almas estão em profunda obscuridade. Não os censures. Não te retraias deles, porém tenta aliviar um pouco o pesado *karma* do mundo; ajuda as poucas e fortes mãos que impedem os poderes das trevas de obterem uma vitória completa. Então começarás a compartilhar de uma alegria que traz, na verdade, um trabalho terrível e uma profunda tristeza, mas também um grande e crescente deleite.

21 – Procura pela flor que desabrocha durante o silêncio que se segue à tormenta: não antes.

Ela crescerá, se desenvolverá, lançará ramos e folhas, formará botões enquanto a tempestade prosseguir, enquanto perdurar a batalha. Porém, só quando toda a personalidade do homem estiver dissolvida e desvanecida – só quando for mantida pelo divino fragmento que a criou como mero instrumento de experimentação e experiência

– só quando toda a natureza houver cedido e sido submetida ao seu Eu Superior, é que o botão pode se abrir. Então haverá uma calma semelhante àquela que ocorre em uma zona tropical após uma chuva torrencial, quando toda a Natureza parece operar tão rapidamente que é possível vê-la em ação. Essa calma descerá sobre o espírito fatigado. E no profundo silêncio ocorrerá o misterioso acontecimento que comprovará que o caminho foi encontrado. Não importa como tu a chames; é uma voz que fala onde não há ninguém para falar – é um mensageiro que vem, um mensageiro sem forma nem substância; ou antes, é a flor da alma que se abriu. Este acontecimento não pode ser descrito por qualquer metáfora. Pode, porém, ser pressentido, buscado e desejado mesmo em meio ao furor da tempestade. O silêncio pode durar um momento ou prolongar-se por mil anos. Porém, terá fim. No entanto, levarás contigo a força dele. Outra e outra vez a batalha tem que ser travada e ganha. É só durante um intervalo que a natureza pode permanecer tranquila.

NOTA – O abrir da flor é o momento glorioso em que a percepção desperta; com ela vêm confiança, conhecimento e certeza. A pausa da alma é o momento maravilhoso, e é seguido pelo momento da satisfação – que é o Silêncio.

Sabe, ó discípulo, que aqueles que passaram pelo silêncio, sentiram sua paz e retiveram sua força anseiam que tu também passes por ele. Portanto, na Sala do Aprendizado, quando ali for capaz de ingressar, o discípulo sempre encontrará o seu Mestre.

Os que pedem terão. Porém, mesmo que o homem comum pedisse perpetuamente, sua voz não seria ouvida. Pois ele pede só com a mente, e a voz da mente só é ouvida no plano em que a mente atua. Portanto, somente após passar pelas primeiras vinte e uma regras é que eu posso dizer que os que pedem terão.

Ler, no sentido oculto, é ler com os olhos do espírito. Pedir é sentir a fome interior – o anseio da aspiração espiritual. Ser capaz de ler significa haver obtido, até um certo ponto, o poder de satisfazer essa fome. Quando o discípulo está pronto para aprender, então ele é aceito, recebido e reconhecido. Assim deve ser, pois ele acendeu a sua lâmpada e ela não pode ser escondida. Porém, aprender é impossível até que a primeira grande batalha tenha sido ganha. A mente pode reconhecer a verdade, porém o espírito não a pode receber. Uma vez que tenha passado pela tormenta e atingido a paz, então é sempre possível aprender, mesmo que o discípulo vacile, hesite e se desvie. A Voz do Silêncio permanece em seu interior e mesmo que ele abandone por completo o Caminho, um dia ela ressoará e fará com que ele se sinta distante, separando as suas paixões das suas possibilidades divinas. Então, com dor e em meio a gritos desesperados do eu inferior abandonado, ele voltará.

Portanto eu digo: A paz esteja contigo. "A minha paz te dou", essas palavras só podem ser ditas pelo Mestre aos discípulos amados que são como Ele. Há pessoas, mesmo entre aquelas que ignoram a Sabedoria Oriental, para quem isso pode ser dito sem restrições.

Observa as três verdades.[3] Elas são iguais. O que está escrito acima são as primeiras das regras escritas nas paredes da Sala de Aprendizagem. Os que pedem terão. Os que desejam ler, lerão. Os que desejam aprender aprenderão.

---

[3] – As Três Verdades são descritas no capítulo oitavo do livro O Idílio do Lótus Branco, de Mabel Collins, Editora Teosófica, 20.....

A PAZ ESTEJA CONTIGO.

△

"Há três Verdades que são absolutas e não podem ser perdidas, mas podem permanecer em silêncio por falta de quem as expresse.

A alma do homem é imortal e o seu futuro é o futuro de algo cujo crescimento e esplendor não têm limites.

O princípio que dá a vida habita em nós e fora de nós; é imortal e eternamente benéfico; não é ouvido, nem visto, nem sentido pelo olfato, mas é percebido pelo homem que deseja a percepção.

Cada homem é o seu próprio absoluto legislador, produzindo para si glória ou trevas; é o decretador de sua vida, da sua recompensa e da sua punição.

Estas Verdades, que são grandes como a própria vida, são tão simples como a mais simples das mentes humanas. Alimenta com elas os famintos".

PARTE 2

Do silêncio que é paz, uma voz ressonante se elevará. E esta voz dirá: "Não está certo; colheste, agora deves semear". E, sabendo que essa voz é o próprio silêncio, obedecerás.

Tu que és agora um discípulo, capaz de ficar de pé, capaz de ouvir, capaz de ver, capaz de falar, que venceu o desejo e atingiu o autoconhecimento, que viu a alma desabrochando e a reconheceu e ouviu a Voz do Silêncio – vai à Sala da Aprendizagem e lê o que ali está escrito para ti.

NOTA – Ser capaz de ficar de pé é ter confiança; ser capaz de ouvir é ter aberto as portas da alma; ser capaz de ver é ter atingido a percepção; ser capaz de falar é ter atingido o poder de auxiliar os outros; ter vencido o desejo é ter aprendido a usar e controlar o eu; ter atingido o autoconhecimento é ter-se retirado para a fortaleza interna de onde o homem pessoal pode ser visto com imparcialidade; ter visto a alma desabrochando é ter obtido um vislumbre momentâneo em ti mesmo da transfiguração que um dia fará de ti mais do que um homem; reconhecer é realizar a grande tarefa de encarar a luz resplandecente sem baixar os olhos e sem recuar horrorizado como diante de um fantasma aterrador. Isso acontece a alguns e, então, quando a vitória está quase ganha, é perdida.

Ouvir a Voz do Silêncio é compreender que do interior vem a única orientação verdadeira: ir à Sala da Aprendizagem é entrar no estado em que o aprendizado se torna possível. Então muitas palavras estarão ali escritas para ti, e escritas em letras de fogo para que as leias com facilidade. Porque, quando o discípulo está pronto, o Mestre também está pronto.

1 – Mantém-te apartado da batalha que se aproxima e, embora lutes, não sejas tu o guerreiro.

2 – Procura pelo Guerreiro e deixa que ele lute em ti.

3 – Recebe suas ordens para a batalha e obedece-as.

4 – Obedece-lhe não como se ele fosse um general, mas como se ele fosse tu mesmo, e como se as palavras dele fossem a expressão verbal de teus desejos secretos; pois ele é tu mesmo, embora infinitamente mais sábio e mais forte do que tu. Procura-o, pois, de outra forma, na febre e no fragor da batalha ele poderá passar por ti e não te conhecerá a menos que tu o conheças. Se teu grito chegar aos ouvidos dele, então ele lutará em ti e encherá o teu sombrio vácuo interior. E se assim acontecer, então poderás atravessar a luta calmo e sem desgaste, mantendo-te apartado e deixando-o combater por ti. Então ser-te-á impossível errar um só golpe. Se, porém, não o procurares; se por ele passares sem percebê-lo, então não haverá segurança para ti. Teu cérebro ficará tonto, teu coração vacilará e, na poeira do campo de batalha, tua vista e teus sentidos falharão, e não serás capaz de distinguir teus amigos de teus inimigos.

Ele é tu mesmo; no entanto tu és finito e sujeito ao erro. Ele é eterno e firme. Ele é a eterna verdade. Uma vez que ele tenha penetrado em ti e se tornado teu Guerreiro, ele jamais te abandonará; e no dia da grande paz ele se tornará uno contigo.

5 – Escuta a canção da vida.

NOTA – Procura-a e escuta-a primeiro em teu próprio coração.

A princípio talvez digas: "Não consigo encontrá-la; ao procurar, encontro apenas discórdia". Procura mais fundo. Se ficares de novo desapontado, detém-te e busca mais fundo ainda. Existe uma melodia natural, uma fonte oculta em todo coração humano. Pode estar oculta e completamente escondida e silenciada – mas lá está. Na própria base da tua natureza encontrarás fé, esperança e amor. Aquele que escolhe o mal se recusa a olhar para dentro de si, fecha os ouvidos à melodia do seu coração, assim como tapa os olhos para a luz da sua alma. Ele procede assim porque acha mais fácil viver nos desejos. Porém, sob toda vida existe uma forte corrente que não pode ser detida; as grandes águas na realidade ali estão. Encontra-as e perceberás que ninguém, nem a mais maldosa das criaturas, deixa de ser parte dela, por maior que seja sua cegueira em relação a esse fato, e mesmo que tenha construído para si uma horripilante máscara externa. É neste sentido que eu te digo: todos os seres entre os quais tu lutas são fragmentos do Divino. Tão enganadora é a ilusão em que vives, que é difícil que prevejas onde pela primeira vez detectarás a doce voz no coração dos outros. Sabe, porém, que ela está certamente dentro de ti. Procura-a em ti e, uma vez que a tenhas ouvido, mais prontamente a reconhecerás ao redor de ti.

6 – Guarda na memória a melodia que ouvires.

7 – Aprende dela a lição de harmonia.

8 – Podes agora manter-te ereto, firme como uma rocha em meio ao tumulto, obedecendo ao Guerreiro que é tu mesmo e é teu rei. Despreocupado em relação à luta, a não ser com a execução de suas ordens; não mais preocupado com o resultado da batalha, pois só uma coisa passou a ser importante, que o Guerreiro vença, e sabes que ele é incapaz de derrota; mantendo-te assim, calmo e alerta, usa o dom da audição que adquiriste pela dor e pela destruição da dor. Só fragmentos da grande canção te chegarão aos ouvidos enquanto fores apenas um homem. Se, porém, a escutares, recorda-a fielmente, de modo que nada do que chegue dela a ti seja perdido, e empenha-te em aprender assim o significado do mistério que te rodeia. Com o tempo não necessitarás de instrutor. Pois assim como o indivíduo tem voz, aquilo em que ele existe também tem voz. A própria vida tem uma fala e nunca está silenciosa. E o que ela emite não é um grito, como tu, que és surdo, poderias supor: é uma canção. Aprende da vida que és parte da harmonia; aprende dela a obedecer às leis da harmonia.

9 – Observa com seriedade toda a vida ao seu redor.

10 – Aprende a olhar inteligentemente os corações dos homens.

NOTA – De um ponto de vista absolutamente impessoal, pois caso contrário tua visão estará distorcida. Portanto, a impessoalidade deve ser compreendida em primeiro lugar.

A inteligência é imparcial: nenhum homem é teu inimigo; nenhum é teu amigo. Todos são igualmente teus instrutores. Teu inimigo torna-se um mistério que deve ser resolvido, mesmo que isso possa durar um longo tempo; porque o homem tem que ser compreendido. Teu amigo torna-se uma parte de ti, uma extensão de ti, um enigma difícil de decifrar. Só uma coisa é ainda mais difícil de conhecer – o teu próprio coração. Somente quando os laços da personalidade tiverem sido afrouxados é que o profundo mistério do eu começará a ser percebido. Só quando te mantiveres apartado dele, é que ele se revelará de alguma forma ao teu entendimento. Então, e somente então, poderás estar em sintonia com ele e guiá-lo. Então, e somente então, poderás utilizar todos os seus poderes e consagrá-los a um serviço digno.

11 – Observa com muita seriedade o teu próprio coração.

12 – Pois através do teu próprio coração vem a única luz que pode iluminar a vida e torná-la clara para teus olhos.

Estuda os corações dos homens a fim de que possas conhecer este mundo em que vives e do qual desejas fazer parte. Observa a vida em constante mutação e movimento que te rodeia, pois ela é formada pelos corações dos homens; e, à medida que aprenderes a perceber sua natureza e seu significado, gradualmente serás capaz de ler a palavra maior da vida.

13 – A fala só vem com o conhecimento. Alcança o conhecimento e serás capaz de falar.

NOTA – É impossível ajudar os outros enquanto não houveres obtido alguma certeza própria. Quando houveres aprendido as primeiras vinte e uma regras e entrado na Sala da Aprendizagem com teus poderes desenvolvidos e com os sentidos desacorrentados, então perceberás que existe uma fonte dentro de ti da qual surgirá a fala.

Após a décima-terceira regra não posso acrescentar palavras ao que já está escrito.

A minha paz eu te dou.

△

Estas notas estão escritas somente para aqueles a quem eu dou a minha paz: aqueles que podem ler o que escrevi tanto com os sentidos internos como com os externos.

14 – Tendo obtido o uso dos sentidos internos, tendo dominado os desejos dos sentidos externos, tendo vencido os desejos da alma individual e tendo obtido o conhecimento, prepara-te agora, ó discípulo, para entrar realmente no caminho. A senda foi encontrada, prepara-te para trilhá-la.

15 – Indaga à terra, ao ar e à água sobre os segredos que eles guardam para ti.

O desenvolvimento dos teus sentidos internos te permitirá fazê-lo.

16 – Indaga aos Seres Sagrados da Terra sobre os segredos que guardam para ti.

A conquista dos desejos do sentidos externos te dará o direito de fazê-lo.

17 – Indaga do mais íntimo, do Uno, o segredo final que ele guarda para ti ao longo das eras.

A grande e difícil vitória, o domínio dos desejos da alma individual, é obra de muitas eras; portanto não esperes obter sua recompensa antes que muita experiência tenha sido acumulada. Quando chega o momento de aprender esta décima-sétima regra, o homem está a um passo de tornar-se mais do que homem.

18 – O conhecimento que agora é teu só é teu porque a tua alma se unificou com todas as almas puras e com o que é mais interior. Ele é algo que te foi confiado pelo Altíssimo. Atraiçoa-o, usa de forma imprópria o teu conhecimento, ou negligencia-o, e verás que, mesmo agora, é possível cair do elevado estado que atingiste. Grandes Seres caem, mesmo estando no umbral[4], incapazes de suportar o peso de sua responsabilidade, incapazes de avançar. Portanto, espera sem-

---

[4] No limiar da divindade (N.E.)

pre esse momento com reverência e temor, e fica preparado para a batalha.

19 – Está escrito que, para aquele que se encontra no limiar da divindade, nenhuma lei pode ser estabelecida, nenhum guia pode existir. No entanto, para inspirar o discípulo, a luta final pode ser expressa da seguinte forma:

Agarra com força aquilo que não tem substância nem existência.

20 – Escuta somente a voz que não tem som.

21 – Olha somente para o que é invisível tanto para os sentidos internos como para os externos.

A PAZ ESTEJA CONTIGO.

△

KARMA[5]

Imagina comigo que a existência individual é uma corda que está esticada do infinito até o infinito, e não tem nem começo nem fim, nem é possível que se rompa. Esta corda é formada por inúmeros fios finos que, estreitamente unidos, formam a sua espessura. Estes fios são incolores e perfei-

[5] Este ensaio, atribuído ao Mestre Veneziano, já fez parte da 1ª edição da obra, em 1885. (N. ed. bras.)

tamente retos, resistentes e nivelados. Esta corda, ao passar, como tem de passar, por todos os lugares, sofre acidentes estranhos. Frequentemente, um fio fica preso ou é puxado violentamente para longe de seu caminho normal. Então, por muito tempo ele permanece desordenado e desordena o todo. Algumas vezes um deles é manchado com sujeira ou com cor, e a mancha não apenas se espalha para além do ponto de contato, mas descolore outros fios. Lembra-te de que os fios estão vivos –

eles são como fios elétricos, ou melhor, como nervos tensos. Como se espalha para longe a mancha tortuosa! Porém, no devido tempo, as longas cordas e os fios vivos, que em sua continuidade ininterrupta formam o indivíduo, emergem das sombras na direção da luz. Então os fios deixam de ser incolores e passam a ser dourados, e mais uma vez eles se nivelam em unidade. Mais uma vez a harmonia é restabelecida entre eles e, com base nesta harmonia interior, a harmonia maior é percebida.

Esta ilustração apresenta uma pequena porção, um único aspecto, da verdade. Ela é menos do que um fragmento. No entanto, medita sobre ela e, através da ajuda desta ilustração, tu serás levado a perceber mais. O que importa saber em primeiro lugar não é que o futuro é formado arbitrariamente por atos isolados do presente, mas sim que há uma continuidade indivisível entre todo o futuro e o presente, assim como entre o presente e o passado. Quando percebida a partir de um plano, de um ponto de vista, a ilustração da corda está correta.

Diz-se que um pouco de atenção para o Ocultismo produz resultados *kármicos* consideráveis. Isto ocorre porque é impossível dar qualquer atenção ao Ocultismo sem fazer uma escolha definida diante do que é comumente chamado de bem e mal. O primeiro passo no Ocultismo leva o estudante à árvore do conhecimento. Ele precisa colher e comer; precisa escolher. Ele não poderá mais ficar indeciso por ignorância. Ele prossegue tomando o caminho do bem ou do mal. E dar definida e conscientemente um passo que seja em qualquer um dos caminhos produz grandes resultados *kármicos*. O homem comum anda sem rumo, sem certeza da meta a ser atingida; seu padrão de vida é indefinido e, consequentemente, seu *karma* opera de forma confusa. Mas, uma vez que o umbral do conhecimento é atingido, a confusão começa a se dissipar e, consequentemente, os resultados *kármicos* aumentam consideravelmente, porque a ação se dá na mesma direção em todos os planos. Pois o ocultista não pode se dedicar pela metade, nem pode voltar atrás uma vez que tenha atravessado o umbral[6]. Essas coisas são tão impossíveis como um homem voltar a ser criança novamente. A individualidade, através do processo de crescimento, alcançou o estado da res-

[6] Umbral do Ocultismo ou Senda Espiritual.

ponsabilidade e não pode recuar deste estado.

Aquele que quiser escapar dos grilhões do *karma* deve elevar a sua individualidade das trevas à luz. Ele deve elevar a sua existência de tal maneira que estes fios não possam entrar em contato com substâncias impuras, e que eles não se tornem tão apegados que sejam levados para longe de seu rumo. Ele simplesmente se eleva acima da região onde o *karma* opera. Ele não abandona por causa disso a existência que está experimentando. O solo pode estar áspero e sujo, ou cheio de flores formosas cujo pólen mancha, e de substâncias doces que encantam e transformam-se em apegos – mas acima há sempre o céu livre. Aquele que deseja não ter *karma* deve ver o ar como sua casa; e depois dele, o éter. Aquele que deseja criar bom *karma* encontrará muita confusão e, no esforço de plantar sementes de boa qualidade para a sua própria colheita, pode plantar mil ervas daninhas e, entre elas, a gigante.

Não desejes plantar sementes para a tua própria colheita. Deseja apenas plantar a semente do fruto que alimentará o mundo. Tu és parte do mundo. Ao alimentar o mundo tu estarás alimentando a ti mesmo. No entanto, mesmo neste pensamento paira um grande perigo sobre o discípulo que por muito tempo imaginou estar trabalhando para o bem comum enquanto, no fundo de sua alma, ele estava percebendo apenas o mal; isto é, pensando estar fazendo um grande benefício para o mundo, na realidade ele estava inconscientemente sempre pensando no *karma* e no grande benefício que ele estaria produzindo para si. Um homem pode se recusar a pensar em recompensas. Mas na própria recusa pode-se notar o fato de que a recompensa é desejada por ele. E é inútil para o discípulo se esforçar para aprender através da autovigilância. A alma deve estar sem grilhões, os desejos livres. Mas, até que os desejos estejam fixados apenas naquele estado no qual não há nem recompensa nem punição, nem bem nem mal, o seu esforço será em vão. Pode parecer que ele está fazendo um grande progresso, mas um dia ele se verá cara a cara com a sua própria alma, e reconhecerá que quando esteve diante da árvore do conhecimento escolheu a fruta amarga e não a doce, e então a máscara cairá definitivamente, e ele desistirá da liberdade e se tornará um escravo do desejo. Portanto, fica consciente, tu que estás começando a te voltar para a vida do Ocultismo. Aprende agora que não há cura para o desejo, que não há cura para a busca de recompensa, que não há cura para o sofrimento de estar ansioso por algo, a não ser na fixação do olhar e da audição naquilo que é invisível e inaudível. Começa já a praticar. Desta forma mil serpentes deixarão de se apresentar no teu caminho. Vive no eterno.

As operações das reais leis do *karma* não podem ser estudadas antes que o discípulo tenha alcançado o ponto no qual elas não o afetam mais. O iniciado tem o direito de exigir os segredos da Natureza e de conhecer as regras que governam a vida humana. Ele obtém este direito por ter saído dos limites da Natureza e por ter se libertado das regras que governam a vida humana. Ele tornou-se uma parte reconhecida do elemento divino e não pode mais ser afetado por aquilo que é temporário. Ele então obtém o conhecimento das leis que governam as condições temporais. Portanto, tu que desejas conhecer as leis do *karma*, tenta antes te libertar destas leis; e isso só pode ser feito fixando a atenção naquilo que não é afetado por estas leis.

Maiores informações sobre Teosofia e o Caminho Espiritual podem ser obtidas escrevendo para a **Sociedade Teosófica no Brasil** no seguinte endereço: SGAS - Quadra 603, Conj. E, s/nº, CEP 70.200-630 Brasília, DF. Os telefones são (61) 3326-0662 - 3226-1036. Também podem ser feitos contatos pelo fax (61) 3226-3703 ou e-mail: st@sociedadeteosofica.org.br site: www.sociedadeteosofica.org.br.